Bibliografische Information der Deutschen Nationalbibliothek:

Die Deutsche Bibliothek verzeichnet diese Publikation in der Deutschen National-
bibliografie; detaillierte bibliografische Daten sind im Internet über http://dnb.d-
nb.de/ abrufbar.

Impressum:

Copyright © 2010 GRIN Verlag, Open Publishing GmbH
Druck und Bindung: Books on Demand GmbH, Norderstedt Germany
ISBN: 9783640579044

Dieses Buch bei GRIN:

http://www.grin.com/de/e-book/147072/bilder-im-geschichtsunterricht

Tobias Bunse

Bilder im Geschichtsunterricht

GRIN Verlag

Universität Paderborn
Fach: Geschichte

Thema:
Bilder im Geschichtsunterricht

Inhaltsverzeichnis Seite

1 Einleitung

Der Einfluss von Bildern war nie so hoch wie in der heutigen Zeit. In nahezu jedem Bereich unseres Lebens werden wir mit Bildern konfrontiert, sei es auf Plakaten, in den Zeitungen, im TV oder dem Internet. Mit dieser Flut von Einflüssen nimmt jedoch die Wahrnehmung des Offerierten stetig ab. Ein Bild wird in den meisten Fällen „überflogen", ohne dass sich der Betrachter dabei allzu lang mit Details des Dargestellten auseinandersetzt. Eine ähnliche Bilderflut lässt sich auch im Umgang mit der Geschichte feststellen. Nahezu jeder geschichtliche Zeitabschnitt kann mittlerweile durch Bilder veranschaulicht werden - und wird es auch. Ob es Personenbilder aus dem Mittelalter sind oder die zahlreichen Abbildungen des Dritten Reiches. Weder eine Geschichtsausstellung noch ein Geschichtsbuch kommen in der heutigen Zeit ohne eine opulente Bildausstattung aus. Doch bereits jene genannten Beispiele zeigen Grenzen auf. So ist zu beachten, dass die Personenbilder des Mittelalters keinesfalls eine wirklichkeitsgetreue Abbildung der Realität darstellen. Oder denken wir zum Beispiel an die Zeit des Nationalsozialismus zurück, so erscheint sie uns nicht selten in schwarz-weiß. Vor allem jüngere Generationen erlangen ihr Wissen bezüglich dieser Zeit, neben den Textquellen, vor allem aus Fotos und auch Filmen, die das Geschehen der NS-Zeit überwiegend in schwarz-weiß überliefern. Ich selbst kann mich gut daran erinnern, als Kind diese Zeit ohne eine Farbvorstellung vor Augen gehabt zu haben. Diese Beispiele verdeutlichen bereits, dass die kritische Betrachtung von Bildquellen einen wesentlichen Faktor darstellt. Daher ist es fundamental, die Arbeit mit diesen Quellen zu erlernen. Somit werde ich mich innerhalb dieser Untersuchung damit auseinandersetzen, wie der Umgang mit Bildquellen im Unterricht verlaufen kann. In einem ersten Schritt wird der Begriff „Bild" sowie dessen Bedeutung definiert. Im weiteren Verlauf der Arbeit werden die verschiedenen Bildtypen vorgestellt und ihr Quellenwert für den Geschichtsunterricht erläutert. Im Rahmen dieses Themenabschnitts sollen zudem Grenzen, aber auch Möglichkeiten genannt werden, die sich aus der Arbeit mit Bildquellen ergeben. Zudem werden, neben einem Analyseschema, auch einige Beispiele für einen handlungsorientierten Umgang mit Bildquellen präsentiert. Im Wesentlichen stütze ich mich dabei auf die Erkenntnisse von Michael Sauer, die er in seinem Werk: „Der Umgang mit Bildern im Geschichtsunterricht" (2007) darlegt, sowie auf das Werk von Hans-Jürgen Pandel/Gerhard Schneider: „Handbuch Medien im Geschichtsunterricht" (1999).
Im Schlussteil werden die Ergebnisse zusammengefasst.

3

2 Bilder im Geschichtsunterricht

2.1 Begriff und Bedeutung des Bildes

Häufig wird der Begriff „Bild" als „wirklichkeitsgetreue Wiedergabe der Realität" definiert. Diese Beschreibung ist jedoch so nicht zutreffend. Maximal zeigt es einen kleinen Ausschnitt der Geschichte. Der historischen Wirklichkeit muss sie auch nicht zwangsläufig entsprechen, wie ich es bereits in der Einleitung verdeutlicht habe. Das Bild ist vielmehr von der Subjektivität des Bildherstellers geprägt. Es besteht daher die Möglichkeit, dass das Dargestellte verzerrend, verfälschend, idealisierend etc. akzentuiert ist. Das „Bild" wird daher besser als zeitgleiche perspektivische visuelle Vergegenwärtigung von etwas Geschehenem definiert. Es dient heutzutage in der Geschichtswissenschaft und somit auch im Geschichtsunterricht als Zeugnis für die materielle Kultur vergangener Zeiten. Widergespiegelt werden im Allgemeinen Situationen, Zustände oder Augenblicke. Darunter sind unter anderem Informationen über sozial-, alltags-, kultur-, und mentalitätsgeschichtliche Fragen zu verstehen, aber auch Erkenntnisse über gesellschaftliche Wertevorstellungen, Wahrnehmungen und Gefühle der Menschen sowie dessen Verhältnis zur Außenwelt, in Form von Natur und Technik. Das Bild ist mittlerweile nicht mehr als bloße Illustration zu sehen, sondern dient, aufgrund der Angaben über Autor, Titel, Entstehungszeit etc., als primäre Informationsquelle. Daher ist eine Bildquelle kritisch zu betrachten, da Quellen im Allgemeinen in der Regel die subjektive Meinung vom Bildproduzenten widerspiegeln oder in Auftrag gegeben und darauf etwa zur Propaganda beziehungsweise zur Verbreitung von (Herrscher-)Ansichten eingesetzt wurden und werden. Darüber hinaus bedürfen sie der Interpretation, da die Intention und der Inhalt des Dargestellten vom Bildbetrachter eigenständig erschlossen werden muss. Diese Erschließung ist wiederum von den persönlichen Einflüssen des Betrachters geprägt und kann somit variieren. Zudem können viele Bilddetails nicht ohne Hilfe von Textquellen erläutert werden, da die erforderlichen Hintergrundkenntnisse, bezüglich dieser Details, den historischen Horizont des Interpreten übersteigen. Eine weitere Einschränkung, hinsichtlich des Informationsgehalts von Bildquellen, ist die Tatsache, dass sie fast keine Abläufe, Vorgänge, Ideen, Strukturen oder Sachverhalte zeigen, es sei denn, es handelt sich um Bildfolgen oder Bildkompositionen. In der Terminologie der heutigen Didaktik lassen sich die Vorzüge des Umgangs mit Bildern im Unterricht wie folgt umschreiben: Demnach sollen sie die Schüler affektiv ansprechen und dessen Aufmerksamkeit stärken. Des Weiteren sollen Bilder zur Konkretisierung, Vergegenwärtigung und Verlebendigung abstrakter oder unbekannter Inhalte beitragen sowie

Betroffenheit bei den Betrachtern auslösen, um letztlich den Lernerfolg zu sichern. So verwundert es auch nicht, dass die Bebilderung in den aktuellen Geschichtsbüchern stetig ansteigt. Dabei ist jedoch zu beachten, dass der Lehrkörper das Potential der Bildbearbeitung häufig nicht in dem Maße ausschöpft, wie es die Darstellungen in den heutigen Geschichtsbüchern zulassen würden. Einige Ansätze zur Verbesserung der Arbeit mit Bildquellen werden daher im Verlauf der Arbeit genannt.

2.2 Bildtypen und der Einsatz von Bildquellen im Geschichtsunterricht

In diesem Abschnitt werden die verschiedenen Bildtypen genannt. Daraufhin wird der Quellenwert des Bildes im Geschichtsunterricht erläutert, wobei der Nutzen diverser Bildtypen exemplarisch untersucht wird. Zum Einen unterscheidet Michael Sauer das Material, auf dem das Bild abgebildet wird, beziehungsweise die Art dessen Herstellung. Dies können Plastiken, Malereien, Grafiken oder Fotografien sein. Zum Anderen nennt er Bildtypen, die sich bezüglich ihres thematischen Aspektes differenzieren lassen. Dazu zählen einerseits die *„zeitgleichen Bilder"*, bei denen Dargestelltes und Darstellung auf einer Zeitebene liegen. Diese dienen als Quelle für die dargestellte Sache und für die Sichtweise, die das Bild vermitteln will. Dies sind Personenbilder, Ereignisbilder, Alltagsbilder, Landschaftsbilder, Stadtbilder, Plakate, Karikaturen. Andererseits werden die *„Geschichtsbilder"* angeführt, die ihren Gegenstand aus der Vergangenheit nehmen. Diese Bilder sind in Bezug auf die behandelte Zeit Darstellungen bzw. Deutungen. Quellen sind sie dagegen im Hinblick auf ihre Entstehungszeit. Darunter lassen sich Historienbilder, Rekonstruktionszeichnungen und historische Comics zusammenfassen. Aufgabe des Geschichtsunterrichts sollte es in diesem Zusammenhang sein, diese beiden Kategorien auseinander zu halten, da dies nicht immer der Fall bei der Geschichtsvermittlung ist. Bei den Schülern wird dadurch ein quellenkritisches Bewusstsein gefördert. Exemplarisch wird zunächst der Quellenwert des **Personenbildes** untersucht. In der Einleitung wurde erwähnt, dass es für die meiste Zeit des Mittelalters nicht überliefert ist, wie berühmte Persönlichkeiten wirklich aussahen. Jedoch kann gerade diese Tatsache interessant für den Unterricht sein, indem besprochen wird, weshalb es keine verlässlichen Darstellungen von bestimmten Personen gibt. Weitaus bedeutender für den Geschichtsunterricht sind beispielsweise Herrscherbilder jedoch dann, wenn die Intention der Darstellung untersucht wird. Dabei treten Fragen in den Vordergrund wie: „Wie kommt der Herrschaftsanspruch zum Ausdruck, welche politische Ausrichtung wird erkennbar und mit welchen darstellerischen Mitteln wird beides inszeniert? Dabei treten natürlich diverse Unterschiede in der Art der Abbildung auf. Auf Bildern des Mittelalters werden zum Beispiel Symbole eine übergeordnete Rolle spielen, die

die gottgewollte Legitimation zum Ausdruck bringen. Dagegen lassen sich Herrscherbilder ab dem 19. Jahrhundert durch die Fokussierung auf die Führerpersönlichkeit und dessen herausragenden Fähigkeiten charakterisieren. Unabkömmlich, innerhalb dieses Themengegenstandes, ist jedoch die vorherige Erschließung des historischen Kontextes. **Landschaftsbilder** bieten hingegen Antworten auf alltags- oder umweltgeschichtliche Fragen. Sie stellen dar, wie die Natur zu bestimmten Zeiten aussah, wie der Mensch sie nutzte und mit ihr umging und welchen Wandel sie im Laufe der Jahrhunderte vollzog. Die Bestimmung der einzelnen Bilddetails durch die Schüler macht dabei die übergeordnete Relevanz im Umgang mit diesem Bildtypus aus. **Die Karikatur** bietet dagegen pointierte, kritische, tendenziöse Urteile über Personen, politische Ereignisse und gesellschaftliche Verhältnisse, indem das Gezeigte überspitzt dargestellt wird. Die Absicht des Karikaturisten definiert gleichzeitig den Quellenwert der Karikatur für den Unterricht. Sie will den Betrachter zum Nachdenken provozieren, Fragen und plötzliche Einsichten hervorrufen. Dieser Bildtyp bietet keine historischen Sachverhalte, sondern zeigt, wie Menschen etwas gesehen oder beurteilt haben, dieses jedoch dargestellt in übertragender, überspitzter Bedeutung. Karikaturen eignen sich am Besten für die Einstiegs- und Schlussphase des Unterrichts. Aufgrund ihrer prägnant dargestellten Aussage regen sie die Schüler zur eigenen Thesen- und Urteilsbildung an. Dieser Bildtyp kann mit einer einzigen Abbildung einen bestimmten Vorgang, ein System oder eine ganze Epoche charakterisieren. **Das Historienbild** stellt u.a. historische Ereignisse dar. Da es häufig von Herrschenden in Auftrag gegeben wurde, ist dessen Inhalt nicht selten verherrlichend. Es offenbart weiterhin die Vorstellungen des Künstlers, die er bezüglich einer vergangenen Zeit hatte. Häufig werden diese Darstellungen jedoch fälschlicherweise als Quellen abgedruckt. Darauf sollte im Unterricht hingewiesen werden. Denn Historienbilder sind lediglich Quellen für die Vorstellungswelt ihrer Entstehungszeit. Anhand dieses Quellentyps lässt sich verdeutlichen, dass Bilder durch solche Intentionen beeinflusst worden sind und die Wirklichkeit nicht 1:1 abbilden. *Zusammenfassend* lassen sich fünf Funktionszusammenhänge nennen, in denen Bilder im Geschichtsunterricht verwendet werden können. Das Bild kann als Quelle neuer Erkenntnis, als Mittel der Problemstellung, als Anschauungsmittel, als Form der Wiederholung oder als Sinnstütze dienen. Diese Funktionen sollten gleichzeitig den Zielsetzungen und Interessen der Lehrperson entsprechen. *Zu den positiven Aspekten*, bezüglich der Arbeit mit Bildquellen, lassen sich allgemein eine Erhöhung der Kritikfähigkeit bei den Schülern feststellen. Des Weiteren wird ihr Blick bei der Bildbetrachtung geschärft. Durch das Analysieren des Bildes tritt nämlich eine Verlangsamung der Bildwahrnehmung ein. Auf diese Weise nehmen die Schüler mehr Details der Abbildung wahr. Interpretationsmodelle, wie das von Erwin Panofsky tragen zusätzlich dazu bei, den Umgang mit Bildquellen sinnvoll zu strukturieren. Dieses Modell entstand bereits vor 76 Jahren, dennoch wird es, aufgrund seiner Aktualität, nach wie vor im Schulalltag verwendet.

2.3 Bilder interpretieren nach dem Analyseschema von Erwin Panofsky

Damit Bildquellen im Unterricht den größtmöglichen Ertrag einbringen, ist es von Bedeutung, bestimmte Regeln im Umgang mit Bildern zu befolgen, die zudem methodisch abgesichert sind. Ein Analyseschema kann dazu beitragen, die Arbeit mit diesem Quellentypen sinnvoll zu strukturieren. Daher wird in diesem Abschnitt das Drei-Stufen-Modell von Erwin Panowky vorgestellt, auf das sich die historische Bildkunde vorwiegend stützt

Panofskys Modell differenziert drei Stufen der Bildinterpretation:

1. Die Phase der vorikonografischen Bildbetrachtung konzentriert sich auf das Wahrnehmen und Erkennen von Gegenständen, Figuren und Motiven und ihres Ausdrucks, zum Beispiel die Atmosphäre eines Raumes oder der Ausdruck einer Figur. Die Schüler sollen beschreiben, was sie auf dem Bild sehen und ihre Eindrücke und Gefühle dazu äußern.

2. In der Phase der ikonografischen Bildanalyse werden die Themen und Inhalte des Bildes erschlossen, die durch bestimmte Motive oder Allegorien abgebildet worden sind. Die Schüler identifizieren beispielsweise Personen oder untersuchen die Darstellungsmittel, wie die Bildperspektive oder die Symbole im Bild.

3. In der Phase der ikonologischen Bildinterpretation wird die eigentliche Bedeutung der Darstellung erschlossen. Die Schüler liefern eine zusammenfassende Deutung der Bildaussage im historischen Entstehungskontext.

Auf der ersten Stufe sind historische Vorkenntnisse noch nicht erforderlich, da es in dieser Phase um die bloße Beschreibung des Dargestellten geht. Umso wichtiger werden die Kenntnisse zur „Vorstellungswelt jener Zeit und derer künstlerischen Darstellungstradition" jedoch in den beiden folgenden Bearbeitungsphasen, ohne die die Erschließung der Bildquelle nicht möglich wäre. Weiterhin ist zu beachten, dass dieses Modell bei seiner Anwendung nicht zwingend alle drei Stufen umfassen muss. Auch kann die Reihenfolge des Stufenmodells verändert werden, je nachdem, welchen Schwerpunkt die Lehrkraft für den

Geschichtsunterricht gesetzt hat. So kann beispielsweise erst die allgemeine Aussage eines Bildes erschlossen werden, um sie in einem weiteren Schritt, anhand dargestellter Symbole, zu belegen, womit die beiden letzten Stufen vertauscht wurden. Seine Bedeutung erlangt die Arbeit mit diesem Analyseschema meiner Meinung nach hauptsächlich dann, wenn die Schüler und auch die Lehrperson, mit Hilfe dieses Modells, ein Gespür für die Arbeit mit Bildern entwickeln und bei dieser im Hinterkopf haben, welche Schritte notwendig für die Erschließung einer Bildquelle sind.

2.4 Handlungsorientierter Umgang mit Bildern im Unterricht

Neben der genannten systematischen bzw. analytischen Auseinandersetzung mit Bildquellen, besteht die Möglichkeit, dass die Schüler handlungsorientiert mit Bildern arbeiten. Diese Methoden können dazu beitragen, dass Interesse am Bild zu steigern. Ein weiterer Aspekt ist die tiefer gehende Auseinandersetzung mit der Quelle. Dieser praktische Umgang mit der Bildquelle wird vorwiegend innerhalb der Sek. I. angesiedelt, wobei diese Methoden dennoch auch in der Sekundarstufe II motivations- und leistungsfördernd auf die Schüler wirken können. In der Regel werden die handlungsorientierten Unterrichtsverfahren in der Erarbeitungsphase eines Themas oder zu dessen besserem Verständnis eingesetzt. *Im Folgenden* werden einige Beispiele für einen handlungsorientierten Umgang mit Bildquellen genannt, die sich grob nach Panofskys Drei-Stufen-Modell gliedern lassen, wobei eine strikte Trennung dieser drei Bereiche im Rahmen der folgenden Beispiele nicht möglich ist. So kann die Lehrperson beispielsweise ein *Bild im Klassenraum aushängen*, ohne dass das Bild schon Inhalt einer Unterrichtsstunde wird. Die Schüler haben dadurch die Möglichkeit, das **Bild** zu jeder Zeit, im Laufe des Schultags, zu **betrachten**. Auf diese Weise wird der Blick des Schülers für Details geschärft. Er nimmt Einzelheiten eines Bildes wahr, die ihm, aufgrund des sonst üblichen raschen Überfliegens eines Bildes, womöglich verborgen bleiben würden. Die Schüler beginnen unter Umständen allmählich, das Bild zu analysieren. So wird deutlich, dass die Grenzen von Panofskys Modell, hinsichtlich der angeführten Beispiele, fließend sind und bis zur Bildinterpretation verlaufen können. Dies stellt in meinen Augen jedoch keineswegs einen Nachteil dar, wenn der Schüler über das Gesehene aus eigenem Antrieb nachzudenken beginnt. Eine andere Methode, die die Wahrnehmung der Schüler trainiert und ihren Blick für Bilddetails schärft, kann *ein Puzzle* sein. Dabei kann die Lehrperson ein Bild zerschneiden, welches die Schüler anschließend wieder zusammensetzen müssen. Eine weitere Methode stellt *das Bilder rastern* dar, das vordergründig dem Bereich **der Bildanalyse** zugeordnet werden kann. Mit Hilfe eines Rasters, das auf das Bild gelegt wird, ist es einfacher, sich über Einzelheiten bzw. Details des Dargestellten zu verständigen. Des

Weiteren ist es möglich, auf dem Bild *diverse Bildverläufe nachzuzeichnen,* um beispielsweise Bildkompositionen, Perspektiven oder Bewegungsrichtungen zu veranschaulichen. Dies lässt sich problemlos mit einer Folie und einem OHP realisieren. In den **Bereich der Bildinterpretation** lässt sich die *Zusammenstellung von Bildern mit anderen Bildern oder anderen Quellen/Medien* einordnen. Diese können entweder gegenübergestellt oder einander ergänzt werden und daraufhin zur Diskussion bzw. Interpretation zu einem Thema anregen. Auch kann die Lehrperson zum Beispiel *Geschichten zu Bildern schreiben* lassen, in denen Mutmaßungen über den Verlauf vor und nach der Entstehung des Bildes angestellt werden können. Auf diese Weise können die Schüler das Bild in einen chronologischen und argumentativen Zusammenhang stellen, wobei dieser der Realität entsprechen und im historischen Kontext begründbar sein muss. Eine andere Aufgabe könnte lauten, *einen Bildauftrag zu formulieren.* Dadurch kann die Intentionalität des Gezeigten verdeutlicht werden. Ein Auftrag könnte lauten, dass die Schüler einen Brief schreiben sollen, in dem eine Herrscherpersönlichkeit einen Maler beauftragt, ihn zu malen. Im Brief werden dann die Vorstellungen des Herrschers bezüglich seines Portraits verdeutlicht. Zudem sind Beispiele zu nennen, wie die Nachstellung von Bildszenen, die Anfertigung von Collagen oder als letztes, die Gegenüberstellung von historischen und aktuellen Bildern, um die Veränderung, Entwicklung oder veränderte Wahrnehmung der Menschen zu verdeutlichen. Diese und viele weitere handlungsorientierte Unterrichtsverfahren belegen, wie auf scheinbar spielerische Art der Umgang mit Bildquellen spezialisiert und verbessert werden kann.

2.5 Der Zeitpunkt des Bildeinsatzes im Unterricht

Bildquellen können im Prinzip zu jeder Zeit des Unterrichts verwendet werden. Am Besten eignen sie sich jedoch für den Beginn und dem Ende einer Unterrichtsstunde oder –sequenz, mitunter aber auch innerhalb der Erarbeitungsphase. Bildfolgen oder Darstellungen von Arbeitsabfolgen, wie die bäuerlichen Tätigkeiten im Mittelalter oder zahlreiche Kupferstiche der Aufklärungszeit, die viele Details zu erkennen geben, lassen sich beispielsweise in die Erarbeitungsphase eingliedern. Diese Abbildungen sind wiederum als Lehr- und Schaubilder zu charakterisieren. Eindeutig zu deutende Bilder, die eine klar erkennbare Darstellungsintention aufweisen, wie beispielsweise Herrscherportraits, lassen sich zu Beginn einer Einheit problemlos heranziehen, um einen Einstieg in die Thematik zu erhalten. Zudem sind solche Abbildungen in der Eingangs-, bzw. Erarbeitungsphase von Nutzen, die ein Problem erkennen lassen oder provozierend wirken, wie beispielsweise die bereits genannten Karikaturen. Im weiteren Verlauf der Unterrichtseinheit bedarf es allerdings der Textquellen, um den Themengegenstand weiterführend bearbeiten zu können. Bilder werden dementsprechend lediglich in Ausnahmefällen als alleinige Hauptquellen in der Erarbeitungsphase eingesetzt. Am Ende der Unterrichtsstunde oder Unterrichtseinheit kann die Bildquelle als zusammenfassendes oder vertiefendes Mittel eingesetzt werden. Ein Bild, welches abschließend das Thema der Unterrichtseinheit aufgreift, lässt sich von den Schülern, aufgrund ihres erworbenen Wissens, sicherlich einfacher interpretieren, als eine Bildquelle zu Anfang einer Unterrichtssequenz. Hinzu kommt, dass der Wechsel des Mediums „Textquelle" zum Medium „Bildquelle" eine neue Motivation beim Schüler herbeiführt und darüber hinaus neue Ansätze innerhalb der Thematik erschlossen werden können.

3 Schluss

Die primäre Bedeutung der Bildquelle im Unterricht stellt die Notwendigkeit dar, Operationen historischen Denkens zu lernen, das heißt Kritik- und Interpretationsfähigkeiten zu erlangen. Eine Bildquelle erlangt seinen Nutzen, wenn Fragen an sie gestellt wird und sie nicht als bloße Illustration gesehen und mit der historischen Wirklichkeit gleichgesetzt wird. Weiterhin kann das Bild eine gute Ergänzung zu schriftlichen Quellen darstellen. Dabei seien beispielsweise geographische Beschreibungen genannt, die ohne den Einsatz von Bildmaterial sehr schwer zu vermitteln wären. Durch diese bildliche Vorstellung ergibt sich der Vorteil, dass sich jene historischen Zusammenhänge beim Schüler besser einprägen. Diese Einsicht in vergangene Zeiten können Textquellen oft gar nicht bieten, in der Regel aufgrund der fehlenden Neugierde der Schüler, sich mit Textquellen auseinanderzusetzen. Die Motivation bei der Bearbeitung einer Bildquelle ist beim Schüler heutzutage häufig stärker ausgeprägt. Dennoch kann sich der Geschichtsunterricht nicht allein auf Bildquellen stützen. Die Textquelle wird nach wie vor ein wesentlicher Bestandteil des Geschichtsunterrichts bleiben. Erst die Lehrbuchtexte beinhalten wesentliches Basis- und Hintergrundwissen. Doch abgesicherte Erkenntnisse belegen, dass Gedächtnisleistungen durch bildliche Vorstellungen gesteigert werden können. Dadurch wird die bereits erwähnte Aussage gestützt, wonach es am sinnvollsten ist, Bildquellen am Anfang oder am Ende einer Unterrichtseinheit einzusetzen. Zu Beginn einer Sequenz erlangt der Schüler aufgrund der Bildquelle eine Vorstellung über das Thema. Am Ende einer Einheit kann das Gelernte mit Hilfe einer Abbildung im Gedächtnis gesichert werden. Doch bedarf dazu des richtigen Umgangs mit Bildern. Dieser muss sowohl von der Lehrperson als auch von den Schülern erlernt werden. Dies kann etwa durch eine Orientierung am Drei-Stufen-Modell von Panowsky erwirkt werden, das einen schematisch geordneten Ablauf zur Arbeit mit Bildquellen liefert.. Dabei sollte jedoch berücksichtigt werden, dass ein abwechslungsreicher Umgang mit der Bildquelle eine zusätzliche Motivation bei den Schülern hervorruft. Daher wurden zudem einige handlungsorientierte Verfahren zur Arbeit mit Bildquellen in dieser Arbeit vorgestellt. Wenn diese Vorraussetzungen berücksichtigt werden, dann kann das Bild eine nützliche Quelle innerhalb des Geschichtsunterrichts darstellen.

4   Literaturverzeichnis

Hans-Jürgen Pandel/Gerhard Schneider: Handbuch Medien im Geschichtsunterricht, Schwalbach 2007.

Michael Sauer: Der Umgang mit Bildern im Geschichtsunterricht, Seelze-Velber 2007.

BEI GRIN MACHT SICH IHR
WISSEN BEZAHLT

- Wir veröffentlichen Ihre Hausarbeit,
  Bachelor- und Masterarbeit

- Ihr eigenes eBook und Buch -
  weltweit in allen wichtigen Shops

- Verdienen Sie an jedem Verkauf

Jetzt bei www.GRIN.com hochladen
und kostenlos publizieren